Catherine MADANI

Fotografías : Claire CU

Los arroces
semillas sorprendentes

HISPANO
EUROPEA

Semillas sorprendentes, semillas de alegría son las semillitas para el día a día

¿Cómo nutrir la belleza en el mundo actual? Basta con... ¡tener semillas a mano!

Comer bien pero comiendo divertido, esa es la ecuación a resolver.

Vamos a pasar de ideas antiguas y a dejarnos guiar: hay semillas para dar y vender.

Las semillas se mezclan, se acomodan, se hacen compañía, se aliñan... Pueden ser las estrellas de los platos o hacer de actrices secundarias, pero siempre dan un toque mágico que encanta al paladar.

Podemos tomarlas solas o incorporarlas a nuestras recetas favoritas para llenar nuestros platos de vitaminas y proteínas al mismo tiempo que disfrutamos.

Dulces o saladas, pueden colarse en cualquier plato y en cualquier momento.

Platos simples, para las comidas de cada día, que alegran los sentidos.

Bueno, original... ¡y sano!

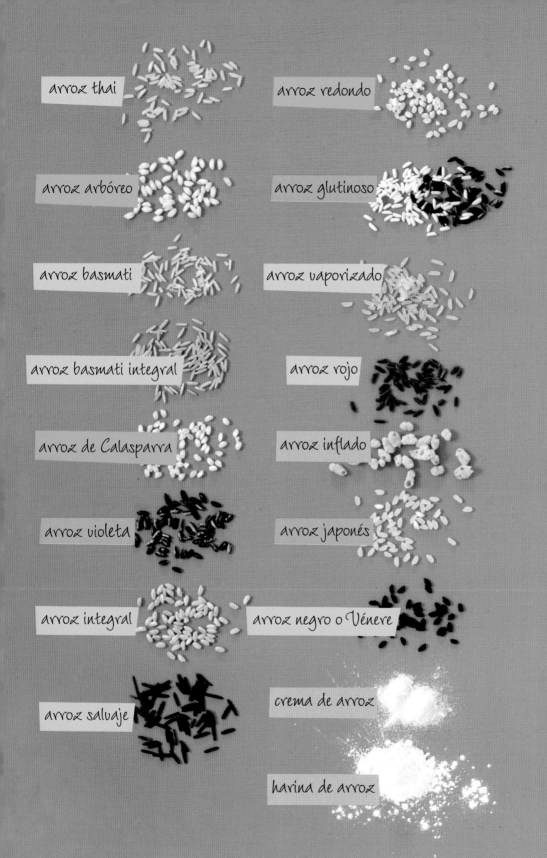

arroz thai

arroz redondo

arroz arbóreo

arroz glutinoso

arroz basmati

arroz vaporizado

arroz basmati integral

arroz rojo

arroz de Calasparra

arroz inflado

arroz violeta

arroz japonés

arroz integral

arroz negro o Vénere

arroz salvaje

crema de arroz

harina de arroz

fideos de arroz

tallarines de arroz

tortas de arroz

leche de arroz

mirin

6 Los arroces

arroces largos

Arroz basmati

Granos largos y puntiagudos, provenientes de la India; tiene un delicioso perfume natural. Sus granos se mantienen sueltos y flexibles después de la cocción. Es más caro que otros arroces blancos.

Arroz thai

Granos largos y puntiagudos; es muy perfumado y también se conoce como arroz jazmín. Es ligeramente pegajoso tras la cocción y muy cremoso. Se cultiva fundamentalmente en Tailandia y en el Sudeste Asiático. Se comercializa bajo diversas marcas y todas se encuentran con facilidad.

Arroz vaporizado

Granos medianos, ligeramente translúcidos y amarillentos mientras están secos, pero se blanquean con la cocción. Este tipo de arroz se somete a un proceso de vaporización antes de ser pelado. Es ligero y nada pegajoso. Es el típico arroz de cocción rápida que encontramos en los supermercados.

arroces redondos

Arroz Arborio o arbóreo

Es el arroz típico para el *risotto* (y el más fácil de encontrar). Sus granos son redondos y rechonchos; rico en almidón, aporta una textura muy cremosa, ideal para el *risotto*. Se compra en cualquier supermercado bajo diferentes marcas, pero también se puede adquirir en tiendas de especialidades italianas.

Arroz de Calasparra (D.O.) o arroz bomba

Arroz de granos redondos cultivados en España, perfecto para las paellas. Su capacidad de absorción del agua es notable y se pone tierno tras la cocción. Se encuentra en todas partes en España y, fuera de ella, en tiendas de especialidades espa-

ñolas. Si no lo encontramos, siempre se puede recurrir al arroz para *risotto*.

Arroz redondo especial para postres

Tiene una gran capacidad de absorción y sus granos se ponen pegajosos tras la cocción. Se usa en postres como el arroz con leche. Es muy fácil de encontrar en todos los supermercados.

arroces glutinosos

Arroz japonés

Granos cortos. Es el arroz preferido de los japoneses para hacer *sushi*. Es ligeramente pegajoso tras la cocción, pero sigue quedando firme. A menudo se importa de Estados Unidos. Se encuentra en tiendas de especialidades japonesas.

Arroz glutinoso

A pesar de su nombre, no contiene gluten. Se pone en remojo y se cuece en una vaporera de arroz. Tras la cocción se vuelve muy pegajoso. Se usa en toda la cocina asiática. Lo podemos preparar salado o dulce. Lo encontramos en las tiendas asiáticas.

Arroz violeta

Es un arroz pegajoso originario de Tailandia. Se cocina como todos los arroces glutinosos o simplemente en agua hirviendo, por absorción. Es un arroz poco corriente. La marca Alter Eco® (presente en muchos supermercados) comercializa una serie de arroces *thai* y de arroces violeta.

arroces integrales

Arroz negro o Vénere

Es un arroz integral muy perfumado (huele a madera de sándalo), de origen chino y cultivado en Italia. Es muy caro y suele comercializarse bajo la marca Riso Gallo® o conseguirse en tiendas especializadas.

Arroz rojo de Camargue

Granos medianos o cortos, están pelados pero no pulidos, como los arroces integrales. Es de color marrón rojizo y es muy perfumado, su textura es densa y no es pegajoso tras la cocción. Bastante caro, se puede adquirir en tiendas dietéticas.

Arroz integral

Es un arroz pelado pero no pulido. Existen arroces integrales de granos cortos, medios y largos, por ejemplo, el *basmati* integral. Tarda más en cocerse que el arroz blanco, tiene un sabor más pronunciado y se mantiene más firme.

Arroz salvaje

No es un arroz, pero se parece tanto que se le llama así. Proviene de Canadá y del norte de Estados Unidos. Sus granos son de color marrón oscuro y muy brillantes. Estallan durante la cocción y tienen un marcado sabor a avellana. Debe cocerse bastante rato, como un integral. También es muy caro y se encuentra en tiendas de productos biológicos y en supermercados grandes.

derivados del arroz

Harina de arroz

Es una harina muy fina, parecida a la fécula. No se puede usar para hacer pan porque no tiene gluten. Se usa para hacer tortas de arroz y todo tipo de fideos. Podemos usarla para que los platos de pasta o de sopa sean más ligeros (como la fécula de maíz). Para hacer crema de arroz, se precuece la harina al vapor o se mezclan 50 g de harina con 75 cl de agua o de leche. Pude comprarse en tiendas de productos biológicos.

Leche de arroz

Leche vegetal procedente de la harina de arroz o del arroz blanco. Es la leche vegetal que menos se parece a la de origen animal. Debemos entenderla no como una sustituta de la leche animal, sino como otra forma de tomar arroz. Se compra en supermercados y en tiendas de productos biológicos.

Arroz inflado

Comercializado en supermercados como cereales para el desayuno (Krispies) o en las tiendas de productos biológicos.

Mirin

Condimento a base de vino de arroz japonés, débilmente alcoholizado, usado en este libro para adobar y para descongelar.

Las diferentes cocciones del arroz

Cocción por absorción

Es la cocción de las cocedoras de arroz: para una cantidad dada de arroz, se echa una cantidad precisa de agua en función de las marcas indicadas en la cocedora. Una vez cocido, la cocción se detiene automáticamente y el arroz se mantiene caliente hasta el momento de servirlo.

Si no disponemos de una cocedora en casa, pensemos que para un volumen de arroz corresponden dos volúmenes de agua. Se tapa la cacerola, se pone a hervir y cuando arranca el hervido se baja el fuego. El arroz estará cocido cuando aparezcan agujeritos o cráteres entre los granos. Entonces se apaga el fuego, se mueve el arroz con una cuchara de palo, se tapa y se deja reposar 5 minutos.

Hervido

Es la cocción más simple pero necesita atención para saber cuándo está el arroz listo. Se echa el arroz en forma de lluvia en una gran cantidad de agua con sal y, cuando está cocido, se cuela con un colador.

Cocción al vapor

Este método solo se aplica a los arroces glutinosos. El arroz debe ponerse en remojo toda la noche y por la mañana se enjuaga hasta que salga el agua clara. Luego llenamos de agua el compartimento de la vaporera o la cacerola, y se coloca el arroz en el soporte superior. Se tapa, se pone a hervir y el arroz de cuece con el vapor inferior.

Cocción *pilaf* y *risotto*

Primero se saltea el arroz en alguna materia grasa y luego se va remojando con cucharones de agua o de caldo, un cacillo cada rato, a medida que el arroz lo va absorbiendo.

8 Índice

Salado

Dulce

Salado

Risotto verde con rulo de cabra

Lavar las espinacas y cortarles el troncho. Pelar y picar el diente de ajo. Pelar y picar la cebolla. Lavar y rallar la piel del limón. Calentar 1 litro de agua en la que disolveremos la pastilla de caldo.

En una sartén, calentar el aceite de oliva y saltear la cebolla hasta que transparente sin dorarla. Echar el arroz, remover con una cuchara de madera hasta que quede translúcido; incorporar entonces el vino blanco y dejar que se evapore. Comenzar a añadir cazos de caldo, uno a uno, removiendo regularmente.

En otra sartén, calentar 15 cl de mantequilla con la nuez moscada y el ajo; luego incorporar las espinacas. Dejar cocer 5 minutos removiendo. Las espinacas se ablandarán y soltarán el agua. Picarlas finamente con todo su jugo de cocción en una batidora. Salpimentar.

Tras unos 35 minutos de cocción, el *risotto* estará casi acabado: le quedará aún un poco de líquido. Echar en ese momento el resto de mantequilla a trozos, las espinacas picadas, la piel de limón, un poco de zumo de limón y el parmesano.

Tapar durante 2 minutos, justo el tiempo de chafar con un tenedor un trozo de rulo de cabra para esparcirlo por encima del *risotto*.

Podemos añadir algunas hojas de menta picada y unos piñones en el momento de servir.

Tiempo de preparación: 15 min.
Tiempo de cocción: 40 min.
Para 4 personas

300 g de arroz arbóreo
200 g de espinacas frescas
1 cebolla
1 limón
1 diente de ajo
200 g de rulo de cabra
    o de feta
40 g de parmesano rallado
40 g de mantequilla
1 pastilla de caldo de pollo
2 pizcas de nuez moscada
20 cl de vino blanco seco
2 cdas. de aceite de oliva
sal y pimienta

Risotto con puerros y beicon

300 g de arroz arbóreo
150 g de beicon o de cansalada
    ahumada
2 puerros
2 chalotas
1 ramo de estragón
40 g de parmesano rallado
50 g de mantequilla
1 pastilla de caldo de pollo
12 cl de vino blanco
3 cdas. de aceite de oliva
sal y pimienta

Tiempo de preparación: 15 min.
Tiempo de cocción: 40 min.
Para 4 personas

Pelar y picar las chalotas. Eliminar la parte verde de los puerros, enjuagarlos y picarlos. Disolver la pastilla de caldo en un litro de agua caliente.

Calentar el aceite y 20 g de mantequilla en una sartén y dejar que transparenten lentamente las chalotas y los puerros. Añadir el arroz, envolverlo en el aceite hasta que los granos queden translúcidos y echar el vino blanco dejando cocer hasta que reduzca completamente. Ir incorporando entonces cazos de caldo en pequeñas cantidades, a lo largo de la cocción, removiendo regularmente.

Tostar en seco el beicon en una sartén y picarlo muy finamente con un cuchillo o con una picadora.

Al final de la cocción, cuando aún queda un poco de caldo, se incorporan el beicon tostado, el estragón picado, el resto de la mantequilla a trozos, y el parmesano rallado. Mezclar y dejar cocer 3 minutos más. Rectificar de sal y servir inmediatamente.

Bolitas de *risotto*

Tiempo de preparación: 15 min.
Tiempo de cocción: 40 min.
Para unas 30 bolitas

300 g de arroz arbóreo
1 cebolla
1 limón biológico
1 ramito de cebollino
2 yemas y una clara de huevo
50 g de parmesano rallado
30 g de mantequilla
25 g de tomates secos
1 pastilla de caldo de pollo
12 cl de vino blanco
5 cdas. de aceite de oliva
sal y pimienta

Pelar y picar la cebolla. Enjuagar el limón y conservar la piel pelada. Diluir la pastilla de caldo en agua caliente.

Calentar 3 cucharadas soperas de aceite en una sartén y saltear la cebolla hasta que transparente. Añadir el arroz removiendo hasta que los granos se vuelvan translúcidos, verter el vino y dejar que se evapore el alcohol. Cortar los tomates secos a tiritas e incorporarlos al arroz. Añadir entonces pequeñas cantidades de caldo, poco a poco, removiendo regularmente.

Al final de la cocción, cuando aún quede un poquito de caldo, incorporar la piel de limón, el cebollino picado, la mantequilla a trozos y el parmesano. Dejar cocer 3 minutos más. Salpimentar.

Dejar que se enfríe y añadir los huevos batidos. Mojarse las manos para poder formar bolitas (o tortitas si lo preferimos).

Calentar el aceite restante en una sartén antiadherente y freír las bolas para que queden doradas y crujientes.

Podemos añadir un trozo de mozzarella *en el centro de cada bola.*

Paella

Tiempo de preparación: 20 min.
Tiempo de cocción: 1 hora
Para 4 personas

200 g de arroz bomba
    o de Calasparra
4 trozos de pollo
8 gambas grandes
4 langostinos
8 mejillones
8 almejas
250 g de calamares
1 pimiento rojo
1 cebolla
3 tomates
3 dientes de ajo
200 g de guisantes,
    frescos o congelados
1 dosis de azafrán
1 dosis de especias para paella
1/2 cdta. de pimienta molida
    (opcional)
5 cl de aceite de oliva
sal

Lavar y cortar los tomates a cuartos. Lavar y cortar el pimiento a tiras. Pelar la cebolla y picarla. Pelar el ajo y picarlo.

Calentar la mitad del aceite en una sartén y saltear las gambas y los langostinos. Retirarlos con una espumadera, reservar y dorar el pollo; luego se añaden los tomates y la cebolla para sofreír. Regar con un 75 cl de agua, tapar y dejar cocer 40 minutos para que se haga el caldo de cocción. Se pueden pelar las gambas y los langostinos conservando las colas.

Calentar el aceite restante en la paellera y sofreír los calamares y el ajo. Mientras tanto, se abren los mejillones y las almejas con un poco de agua; cuando estén abiertos, retirar la concha vacía, conservando la que lleva el molusco. El jugo de cocción se añade a la paella. Salar y precalentar el horno a 210 °C.

Echar el arroz en la paellera, incorporar el caldo con el pollo y la verdura, incorporar un poco de pimienta y los guisantes, así como el azafrán y las especias. Rectificar de sal y proseguir la cocción 10 minutos más. Añadir entonces los mejillones y las almejas. Meter en el horno 10 minutos más. Tapar la paellera con un paño (o una hoja de papel sulfurado) y dejar reposar el arroz 5 minutos antes de servir.

Podemos aprovechar las cabezas de los crustáceos para pasarlos por la batidora, colar el caldo y añadirlo a la paellera después de haber echado el arroz. Eso perfumará mucho el plato.

Ensalada de arroz rojo con habas y salmón

200 g de arroz rojo
   de Camargue
400 g de filetes de salmón
200 g de habas congeladas
3 cebolletas
2 limones verdes
2 cm de jengibre
1 cda. de azúcar moreno
4 cdas. de salsa de soja
2 cdas. de aceite
sal

Tiempo de preparación: 15 min.
Tiempo de cocción: 25 min.
Para 4 personas

Calentar la salsa de soja con el azúcar para que se diluya. Exprimir los limones. Pelar y rallar el jengibre. Preparar el adobo mezclando todos estos ingredientes, meter el salmón en él y dejar reposar.

Cocer el arroz en una gran cantidad de agua con sal durante 20 minutos (debe estar cocido pero aún firme), escurrirlo y enjuagarlo en agua fría. Reservar. Poner a hervir 50 cl de agua con sal y cocer las habas durante 3 minutos. Pelar las cebolletas y picarlas conservando un trozo de la parte verde. Mezclar el arroz en una ensaladera, junto con las habas, las cebolletas y los puerros. Regar con el adobo tibio.

Calentar el aceite en una sartén e incorporar los filetes de salmón escurridos. Dorar un par de minutos por cada cara y luego echar el líquido del adobo en la sartén. Dejar que se enfríe un poco y desmigar un poco el salmón y añadir el arroz.

Regar con el adobo tibio.

Podemos añadir unos cacahuetes picados sobre la ensalada. También se puede reemplazar la salsa de soja y el azúcar por salsa teriyaki.

Pilaf de arroz integral con berberechos

Tiempo de preparación: 15 min.
Tiempo de cocción: 30 min.
Para 4 personas

250 g de arroz integral
20 berberechos
3 cebolletas
2 chalotas
2 tomates
1/2 ramita de perejil
2 vasos de vino blanco seco
2 cdas. de aceite de oliva
sal y pimienta

Pelar y picar las chalotas. Calentar el aceite en una sartén grande y echar en él las chalotas picadas y el arroz, removiendo con una cuchara de madera para empapar el arroz con todo el aceite.

Echar 1 vaso de vino blanco y reducir a fuego vivo. Proseguir la cocción echando 75 cl de agua caliente. Salpimentar.

Cortar los tomates a dados, picar finamente las cebolletas y el perejil.

Enjuagar los berberechos en varias aguas.

Echar el vino blanco restante, las hierbas aromáticas, los tomates y los berberechos en una cacerola, a fuego vivo, tapándola y dejándolos hasta que se abran, unos 4 o 5 minutos, removiéndolos. Rectificar de sal.

Servir el arroz blanco caliente con los berberechos y su jugo.

Sopa de arroz salvaje con pollo al curri y coco

Tiempo de preparación: 5 min.
Tiempo de cocción: 50 min.
Para 4 personas

150 g de arroz salvaje
250 g de pechuga de pollo
1 diente de ajo
1 cebolla
1 lima
10 hebras de cilantro
40 cl de leche de coco
1 cdta. de curri rojo en polvo
2 cdtas. de cúrcuma
1 cda. de azúcar de caña
1 cda. de salsa de soja
4 cdas. de aceite de coco
    o de cacahuete
sal

Cortar las pechugas a dados. Pelar y picar el ajo y la cebolla. Enjuagar el arroz. Exprimir el limón. Lavar y picar el cilantro.

Calentar 2 cucharadas soperas de aceite en una cazuela y sofreír el ajo, la cebolla y el curri, durante 3 o 4 minutos, removiendo frecuentemente.

Añadir el arroz y 3 veces su volumen de agua. Dejar cocer 40 minutos dando pequeños hervores. El arroz estará cocido cuando los granos de arroz se abran y se vea la semilla blanca interior.

Mientras tanto, dorar los dados de pollo con la cúrcuma, en 2 cucharadas soperas de aceite, hasta que estén doraditos por todas partes.

Cuando el arroz esté cocido, incorporar el azúcar, la salsa de soja, la leche de coco y el pollo con cúrcuma. Salar.

Remover todo y calentar 10 minutos. Retirar del fuego, echar el zumo de lima y espolvorear el cilantro.

Champiñones salteados con jamón dos arroces

Tiempo de preparación: 15 min.
Tiempo de cocción: 40 min.
Para 4 personas

120 g de arroz thai
120 g de arroz salvaje
4 lonchas de jamón serrano o
*   de Parma*
500 g de champiñones
3 chalotas
2 dientes de ajo
1 ramita de perejil
20 g de nueces
20 g de mantequilla
sal y pimienta

Enjuagar los arroces y cocerlos separadamente: el arroz blanco en dos veces y media su volumen de agua, durante 15 minutos; el arroz salvaje en cuatro veces su volumen de agua durante 40 minutos.

Retirar la parte inferior del pie de los champiñones, lavarlos y secarlos con un paño. Pelar y picar el ajo y las chalotas. Lavar y picar el perejil. Machacar levemente las nueces.

Fundir la mantequilla en una sartén grande, con el ajo y las chalotas. Cuando estén transparentes, incorporar los champiñones y saltearlos a fuego vivo. Después se baja el fuego y se deja cocer 10 minutos. Salpimentar. Incorporar el perejil y las nueces.

Cortar el jamón a tiras, mezclar ambos arroces con los champiñones y el jamón. Servir inmediatamente.

Arroz negro o *Vénere* con calamares

300 g de arroz negro
    o *Vénere*
400 g de calamares pequeñitos
    (congelados y limpios
    también valen)
1 cebolla
2 dientes de ajo
1/2 ramito de cebollino
40 g de parmesano
3 cdas. de nata líquida
1 pastilla de caldo de ave
1 cdta. de pimentón de
    Ezpeletako (o Espelette)
1 vaso de vino blanco
3 cdas. de aceite de oliva
sal y pimienta

Tiempo de preparación: 15 min.
Tiempo de cocción: 30 min.
Para 4 personas

Pelar y picar los ajos y la cebolla. Poner a hervir 1 litro de agua para disolver la pastilla de caldo de ave.

Calentar 2 cucharadas de aceite en una sartén grande y echar en ella el arroz y la cebolla. Remover durante 2 o 3 minutos, luego echar el vino blanco. Dejar que este se evapore completamente. Incorporar inmediatamente el caldo, cazo a cazo, y dejar cocer 25 minutos más o menos, hasta que se haya absorbido casi por completo.

10 minutos antes de acabar la cocción, se preparan los calamares. En una sartén, se calienta el aceite restante y se sofríen los ajos picados, luego se añaden los calamares. Los saltearemos unos 5 minutos, salpimentaremos y echaremos el pimentón. Tapar y reservar.

Cuando el arroz ya está cocido, se le añaden la nata líquida y el parmesano, removiendo bien durante 2 minutos más. Luego se sirve con los calamares por encima.

Para darle un toque crujiente, el arroz se puede servir con palitos de pepino.

Biryani con cordero

300 g de arroz basmati
800 g de espalda de cordero
2 tomates
4 cebollas
6 dientes de ajo
1 trozo de jengibre de 5 cm
1 pimiento verde pequeño
10 hebras de cilantro
10 hojas de menta
2 cdas. de zumo de limón
1 yogur
3 cdas. de ghee
    (mantequilla clarificada)
2 cdas. de cilantro en polvo
1 cda. de hinojo en polvo
1 cda. de garam masala
1 pizca de azafrán
sal

Tiempo de preparación: 30 min.
Tiempo de cocción: 1 hora
Tiempo de reposo: 2 horas
Para 4 personas

Cortar el cordero a trozos en forma de dados. Pelar y picar las cebollas. Lavar los tomates y cortarlos a cuartos. Lavar y picar la menta y el cilantro. Pelar el ajo y el jengibre y luego majarlo con el pimentón en un mortero.

En una cazuela, colocar los trozos de carne con los ingredientes precedentes ya preparados, las especias (salvo el azafrán), el yogur y el zumo de limón. Salar, mezclar con una cuchara de madera y dejar reposar 2 horas a temperatura ambiente

Tapar la cazuela y ponerla a hervir; luego bajar el fuego y dejar dando hervores 45 minutos.

Mientras tanto, calentar el *ghee* en una cacerola, saltear el arroz hasta que transparente y añadir dos veces y media su volumen de agua. Salar y dejar cocer a fuego lento por lo menos 20 minutos, hasta que se haya evaporado toda el agua

Precalentar el horno a 200 °C. Diluir el azafrán en una cucharada de agua caliente.

Colocar una capa de arroz en una bandeja de horno, echar unas gotitas de azafrán, colocar encima una capa de cordero y volver con otra capa de arroz por encima. Repetir hasta acabar con los ingredientes, de modo que la última capa sea de arroz. Tapar y hornear 10 minutos.

Arroz *basmati* a la india

250 g de arroz basmati
15 g de coco rallado
2 vainas de cardamomo
1 bastón de canela
1 estrella de anís
2 clavos de olor
5 hojas de curri (opcional)
2 cdas. de ghee o
    3 cdas. de aceite de cacahuete
sal

Tiempo de preparación: 5 min.
Tiempo de cocción: 20 min.
Para 4 personas

Retirar las semillas de cardamomo y majarlas en el mortero o, en su defecto, con un rulo pastelero. Poner a hervir 60 cl de agua con sal.

Calentar el *ghee* o el aceite en una cazuela, añadir las especias, las hojas de curri y el arroz, cociéndolos 1 minuto mientras lo removemos constantemente para que el arroz se impregne de los aromas de las especias.

Echar el agua sobre el arroz, salar y tapar. Dejar cocer removiendo de vez en cuando hasta la completa absorción del agua.

Mientras se cuece el arroz, dorar el coco rallado en una sartén en seco.

Servir el arroz con el coco dorado por encima.

Podemos encontrar hojas de curri y ghee *en las tiendas indias y en supermercados asiáticos.*

Arroz integral especiado con anacardos y gambas

200 g de arroz basmati
   integral
350 g de gambas cocidas
4 cebolletas
2 tomates
1 limón confitado
1 ramita de cilantro
125 g de anacardos sin salar
1 cdta. de comino en grano
1 cdta. de páprika
1 cdta. de cúrcuma
1 pizca de canela
2 cdas. de aceite de oliva

Tiempo de preparación: 15 min.
Tiempo de cocción: 20 min.
Para 4 personas

Pelar y picar las cebolletas incluyendo un trozo de la parte verde. Cortar los tomates a dados. Machacar los granos de comino en un mortero. Cortar el limón confitado a daditos. Lavar y picar el cilantro.

En una sartén grande o en un *wok*, calentar el aceite con las especias. Añadir las cebolletas, los anacardos, los tomates y el limón. Saltear un minuto y luego incorporar el arroz, removiendo unos segundos. Después echar 40 cl de agua. Dejar que arranque a hervir, bajar el fuego y dejar cocer 15 minutos.

Al final de la cocción, incorporar las gambas y mezclar. Espolvorear con el cilantro picado en el momento de servir.

Podemos utilizar cualquier arroz integral, no solo el bas-mati.

Ensalada verde con arroz y ternera

200 g de arroz thai
400 g de ternera rustida fría
5 cebolletas
1 pepino
1 bulbo de hinojo
1/2 ramita de cilantro
1/2 ramita de menta
1/2 ramita de albahaca
1 pimiento verde pequeño
4 hojas de lechuga iceberg
15 cacahuete

Para la salsa:
1 cda. de salsa de soja
2 cdas. de salsa de pescado
   (nam pla o nuoc-mâm)
2 cdas. de zumo de lima
2 cdas. de azúcar moreno

Tiempo de preparación: 15 min.
Tiempo de cocción: 15 min.
Para 4 personas

Enjuagar el arroz y cocerlo en dos veces y media su volumen de agua. Reservar.

Lavar y picar finamente las cebolletas junto con un trozo de la parte verde. Pelar el pepino, suprimir la primera cada del bulbo de hinojo y luego picarlo bien. Picar el pimiento. Enjuagar las hierbas y picarlas. Picar los cacahuetes. Enjuagar la ensalada y cortarla a tiras. Cortar la ternera a tiritas cortas.

Mezclar todos los ingredientes con la salsa.

En una ensaladera, mezclar el arroz con todos los demás ingredientes y servir con la salsa.

38
arroz largo

Arroz salteado con salchichas a la hierba limón

200 g de arroz thai
5 o 6 salchichas thai
   a la hierba limón
150 g de guisantes congelados
4 cebolletas (o 1 cebolla roja)
2 coles pak-choi
3 cm de jengibre
2 briznas de hierba limón
unas cuantas briznas de
   albahaca thai o de cilantro
2 cdas. de sésamo
2 cdas. de salsa de soja
2 cdas. de aceite de sésamo
2 cdas. de aceite de cacahuete
sal

Tiempo de preparación: 15 min.
Tiempo de cocción: 25 min.
Para 4 personas

Cocer el arroz en un gran volumen de agua con sal durante 15 minutos (debe quedar un poco firme), enjuagarlo luego con agua fría y escurrirlo.

Calentar las salchichas en agua hirviendo durante 3 minutos. Escurrirlas, dejarlas enfriar y picarlas.

Lavar y picar la col *pak-choi* y las cebolletas. Pelar y rallar el jengibre. Pelar y retirar las hojas duras de los tallos de hierba limón y luego picarlas bien. Lavar y picar las hierbas.

En un *wok*, o en una sartén grande, calentar ambos aceites juntos, echar la *pak-choi* y las cebolletas, el jengibre, la hierba limón y cocer a fuego vivo removiendo, durante 5 minutos. Añadir las salchichas, los guisantes y saltearlos 2 minutos. Regar con la salsa de soja e incorporar el arroz. Sofreír 3 minutos, siempre a fuego vivo para recalentar el arroz, y después espolvorear con las semillas de sésamo y las hierbas picadas.

Encontraremos hierba limón congelada, rallada o picada en los supermercados asiáticos. Podemos reemplazar el jengibre por galanga (otro tipo de raíz de sabor más dulce).

Arroz *thai* al pesto con vieiras

Tiempo de preparación: 10 min.
Tiempo de cocción: 15 min.
Para 4 personas

250 g de arroz thai
12 vieiras bien grandotas
1 ramita de eneldo
1/2 ramita de perejil
40 g de parmesano
50 g de almendras
5 cl de aceite de oliva
sal y pimienta

Lavar las hierbas, escurrirlas y picarlas levemente.

Echar en el vaso de la batidora o la picadora las almendras, el parmesano, las hierbas y el aceite de oliva. Batir hasta la obtención de un puré suave.

Cocer el arroz en un gran volumen de agua, escurrirlo y reservar un vasito de agua de arroz.

Marcar las vieiras en una sartén con aceite bien caliente, un par de minutos por cada lado, hasta que se doren.

Diluir el pesto con un poco de agua de arroz hasta obtener una salsa un poco espesa. Luego se mezcla con el arroz.

Servir las vieiras con un poco de sal y pimienta, junto con el arroz al pesto.

Ternera en salsa *maffé*

Tiempo de preparación: 20 min.
Tiempo de cocción: 1 hora
Para 4 personas

250 g de arroz thai o de
    algún arroz de grano largo
500 g de ternera a la
    Borgoña (en vino tinto)
2 cebollas grandes
2 dientes de ajo
1 zanahoria
1 patata
1 calabacín
3 cm de jengibre
1 pimiento antillano
    (o un chile)
250 g de Dakatine ®
    (manteca de cacahuete)
2 cdas. salsa de tomate
    concentrado
1 pastilla de caldo de carne
2 cdas. soperas de aceite

Pelar la patata y la zanahoria, enjuagar el calabacín y cortarlo todo a trozos.

Pelar y picar las cebollas, pelar y rallar el jengibre. Machacar el ajo con un mortero o con la hoja de un cuchillo.

Saltear la carne en el aceite con la cebolla, el jengibre y el ajo.

Calentar 25 cl de agua y, fuera del fuego, mezclar la manteca de cacahuete, la pastilla de caldo y el concentrado de tomate. Echarlo todo sobre la carne, añadir 1 litro de agua, la zanahoria, la patata y el pimiento, dejando que cueza a fuego medio durante 1 hora. Añadir el calabacín 10 minutos antes del fin de la cocción.

Cocer el arroz en dos veces su volumen de agua. Una vez cocido, mantener caliente el arroz.

Remover de vez en cuando vigilando que no se arrebate el pimiento. La grasa roja que va subiendo a la superficie indica que la salsa ya está hecha. Servirla con el arroz.

Ensalada rosa de arroz con gambas

Tiempo de preparación: 20 min.
Tiempo de cocción: 15 min.
Para 4 personas

Cocer el arroz en dos veces su volumen de agua. Dejar que se enfríe.

200 g de arroz vaporizado
16 gambas grandes
1 manzana
1 remolacha cocida
1 cebolla roja
15 rábanos
1 ramo de albahaca
1 cda. de bayas rosas
2 cdas. de vinagre de sidra
3 cdas. de aceite de oliva
sal

Retirar las cabezas de las gambas y pelarlas. Cortar la remolacha y la patata a daditos. Pelar y picar bien la cebolla. Lavar y picar los rábanos. Picar la albahaca.

Mezclar todos los ingredientes con el arroz. Preparar una vinagreta con el aceite de oliva, el vinagre y las bayas rosas; salar. Echar la vinagreta sobre el arroz.

Si lo preferimos, podemos reemplazar las gambas por cangrejo.

Chirashi

Tiempo de preparación: 10 min.
Tiempo de reposo: 30 min.
Tiempo de cocción: 20 min.
Para 4 personas

300 g de arroz japonés
    (de venta en tiendas asiáticas)
200 g de filetes de salmón
200 g de filete de atún
jengibre adobado
wasabi
semillas de sésamo negro
3 cdas. de vinagre de arroz
4 cdas. de mirin
    (condimento japonés)
10 cl de salsa de soja
20 g de azúcar
2 cdas. de sal

Enjuagar el arroz varias veces hasta que el agua salga clara. Ponerlo en una cacerola con 30 cl de agua y dejarlo en remojo 30 minutos.

Ponerlo a hervir y dejar cocer 3 minutos, luego bajar el fuego, tapar y proseguir la cocción durante 15 minutos, sin destaparlo.

Hervir el vinagre con 3 cucharadas soperas de agua y sal. Echar el arroz y mezclarlo.

Tapar con un paño húmedo y reservar. Cortar el pescado en lonchas de 5 mm de espesor y volver a cortar cada loncha en trozos de unos 3 cm.

Preparar la salsa: hervir la salsa de soja con el *mirin* 5 minutos y dejar que se enfríe.

Colocar el arroz en boles individuales, espolvorear con sésamo y repartir el pescado intercalando un trozo de atún y otro de salmón. Servir con el *wasabi*, la salsa y el jengibre.

Precisemos al pescadero que vamos a comer el pescado crudo: ¡debe ser súper fresco!

Podemos usar ese mismo arroz para hacer sushi: *hacer una bola de arroz con las manos húmedas y cubrirla con el pescado.*

Colombo de cordero con arroz violeta

Tiempo de preparación: 10 min.
Tiempo de cocción: 1 hora
Para 4 personas

400 g de arroz violeta
    Alter Éco®
800 g de espalda de cordero
1 lata grande de tomates
    pelados al natural
1 patata grande
2 cebollas
3 dientes de ajo
4 cdas. de curri o de colombo
1 cdta. de canela en polvo
20 cl de leche de coco
2 cdas. de aceite de oliva
sal

La noche anterior, poner en remojo el arroz en agua fría.

Cortar la carne a tacos grandes (o se le pide al carnicero que la corte como para un estofado). Pelar y picar las cebollas y el ajo. Pelar y cortar la patata a dados.

En una sartén, sofreír las cebollas y el ajo con el aceite hasta que transparenten. Añadir la carne, incorporar el curri, mezclar bien removiendo durante 2 minutos en la sartén y añadir los tomates a dados y las patatas. Salar y dejar dando hervores durante 40 minutos, aproximadamente, removiendo de vez en cuando.

Mientras tanto, cocer el arroz al vapor o en una cocedora de arroz.

Cuando el colombo esté cocido, añadir la leche de coco y la canela, mezclar y dejar cocer un par de minutos más. Servir con el arroz violeta.

Rollitos de ensalada

Tiempo de preparación: 45 min.
Para 16 rollitos

16 hojas de arroz de 16 cm
   de diámetro
100 g de gambas cocidas
   y peladas
2 lonchas de jamón serrano
1 tomate verde
1 zanahoria
1 pepino
10 cm de rábano negro
2 higos frescos o secos
3 ramitas de menta
6 ramitas de cilantro
6 ramitas de albahaca thai
3 ramitas de albahaca
150 g de mozzarella
100 g de rulo de cabra

Pelar la zanahoria, el pepino y el rábano, cortarlos en juliana, así como la *mozzarella*. Cortar el tomate a cuartos, retirar las semillas y cortar cada cuarto a láminas. Picar los higos secos (si son frescos se cortan a cuartos). Lavar las hierbas aromáticas y cortar las lonchas de jamón en dos.

Poner en remojo una hoja de arroz, en agua fría. Extenderla luego sobre un paño. Casi al borde de la hoja, colocar: 2 o 3 hojas de menta, una cucharadita de rulo de cabra, unos trozos de higos y 2 o 3 tres bastoncitos de pepino. Salpimentar. Doblar la hoja de manera que quede tapada la guarnición, replegar uno de los bordes y enrollar el resto de la hoja para que salga un rollito apretado.

Según el mismo procedimiento, hacer otro rollito con gambas, zanahoria, rábano, pepino, cilantro, albahaca *thai*... y luego otro con la *mozzarella*, el jamón, el tomate, la albahaca...

Hacer 4 rollitos de cada guarnición.

Servir con una vinagreta con el aceite de oliva para los rollitos con *mozzarella* y jamón, una vinagreta de miel para los de rulo de cabra con higos, y una salsa de *nems* para los de gambas.

Podemos preparar estos rollitos la noche anterior y conservarlos en frío, envolviéndolos individualmente en film transparente.

Ternera adobada en *mirin*

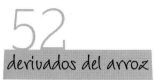

200 g de tallarines de arroz
500 g de filete de ternera
1 pimiento rojo
3 cebolletas
1 ramita de albahaca thai
   o de cilantro
1 cda. de sésamo
1 cda. de azúcar glas
5 cdas. de mirin
1 cda. de vinagre de arroz
1 cda. de salsa de soja
2 cdas. de aceite de girasol,
   preferentemente ecológico

Tiempo de preparación : 15 min.
Tiempo de cocción : 15 min.
Tiempo de reposo : 1 hora
Para 4 personas

Mezclar, en un bol, el *mirin*, el vinagre de arroz, la salsa de soja y el azúcar. Cortar la carne a trozos finos, colocarlos en una bandeja y echar la salsa por encima. Dejar en adobo por lo menos 1 hora, en la nevera.

Mientras tanto, lavar y cortar el pimiento a tiras, lavar y picar las cebolletas junto con un trozo de la parte verde. Picar la albahaca o el cilantro.

Meter los tallarines en abundante agua hirviendo mientras se adoba la carne.

En una sartén grande con aceite, se transparentan las cebolletas. Añadir entonces el pimiento, bajar el fuego y dejar cocer 10 minutos, más o menos, hasta que quede tierno. Incorporar seguidamente la carne escurrida, dejar cocer un poco al mismo tiempo que vamos removiendo y, al final, incorporar el jugo del adobo.

Fuera ya del fuego, se espolvorean las hierbas aromáticas picadas y el sésamo. Escurrir los tallarines y servirlos de inmediato con la carne.

Bo bun

Tiempo de preparación: 20 min.
Tiempo de cocción: 10 min.
Tiempo de reposo: 30 min.
Para 4 personas

200 g de fideos de arroz
400 g de filete de ternera
100 g de brotes de soja
1 zanahoria
1/2 pepino
1 diente de ajo
2 cebollas
2 briznas de hierba limón
1/2 manojo de menta
1/2 manojo de cilantro
100 g de cacahuetes
2 cdtas. de curri
3 cdtas. de azúcar
3 cdas. de nuoc-mâm
2 cdas. de salsa de soja
2 cdas. de aceite de girasol

Pelar el ajo y las cebollas y picarlos. Retirar las hojas externas de la hierba limón y conservar solo el corazón, para picarlo. Cortar la carne a tiras. Mezclar la salsa de soja, el curri, el ajo y la hierba limón. Poner la carne en adobo 30 minutos tapando la fuente con film transparente.

Pelar y cortar en juliana el pepino y la zanahoria. Machacar un poco los cacahuetes. Enjuagar las hierbas aromáticas y picarlas. Calentar el *nuoc-mâm* con azúcar y 2 cucharadas soperas de agua.

Calentar el aceite en un *wok*, hacer sudar las cebollas y dorar luego la carne por todos lados. Cocer los fideos de arroz 3 minutos en agua hirviendo y luego escurrirlos.

Repartir los fideos en 4 tazones, cubrirlos con la zanahoria, el pepino, los brotes de soja y las hierbas. Por encima colocar las tiras de carne caliente con su adobo. Espolvorear con los cacahuetes y regarlo todo con *nuoc-mâm*.

Podemos comprar salsa para nems *en las tiendas asiáticas.*

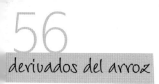

Gambas adobadas y fritas con fideos

Pelar las gambas conservando la punta de la cola.

Pelar el jengibre y rallarlo. Conservar la piel de la lima y exprimir la pulpa.

Echar el zumo en una bandeja o fuente, junto con la piel, la salsa *teriyaki* y el jengibre. Poner las gambas en el adobo por lo menos 1 hora, en la nevera.

Remojar los fideos con agua tibia y secarlos.

Enrollar cada gamba en un nido de fideos. Poner el aceite a calentar, preferentemente en una sartén honda o en una freidora, y sumergir los nidos en el aceite bien caliente durante 2 minutos.

Servir tibio como entrante.

Tiempo de preparación: 20 min.
Tiempo de cocción: 2 min.
Tiempo de reposo: 1 hora
Para 4 personas

100 g de fideos de arroz
16 gambas grandes y crudas
1 lima
2 cm de jengibre
2 cdas. de salsa teriyaki
aceite para freír

Risotto con melocotones al chocolate blanco

Lavar la naranja y rallar la piel. Cortar en dos los melocotones y ponerlos en una cacerola con la mitad del azúcar, la canela, la verbena, la piel rallada y el zumo de la naranja. Tapar y dejar dando hervores a fuego lento durante 15 minutos. Reservar.

Abrir la vaina de vainilla. Poner 40 g de mantequilla en una sartén para fundirla, junto con los granos de vainilla, que habremos raspado con la punta del cuchillo al abrir la vaina a lo largo. Incorporar el arroz y el resto del azúcar. Mezclar y echar el *muscat*; dejar que se evapore el vino totalmente. Añadir un poco de leche, removiendo regularmente y cocer el arroz de este modo durante unos 20 minutos.

Mientras tanto, rallar el chocolate blanco. Cuando el arroz esté cocido y fuera del fuego, incorporar el chocolate y el resto de la mantequilla. Mezclar y tapar, dejando reposar unos minutos.

Pelar los melocotones, eliminar el hueso y cortarlos a trozos. Retirar el bastón de canela. Repartir los melocotones por encima del *risotto* caliente y regarlos con el jugo de la cocción. Decorar con hojas de menta o de verbena fresca, picadas.

Podemos reemplazar el chocolate blanco por chocolate negro, para añadir al risotto, *por encima.*

Tiempo de preparación: 15 min.
Tiempo de cocción: 20 min.
Para 4 personas

120 g de arroz arbóreo
4 melocotones
1 naranja
60 cl de leche entera
60 g de mantequilla
150 g de chocolate blanco
80 g de azúcar
1 vaso de muscat o de vino
    blanco dulce
1 bastón de canela
1 vaina de vainilla
1 ramita de verbena fresca
    (opcional)

Arroz con leche
con naranjas confitadas

Tiempo de preparación: 5 min.
Tiempo de cocción: 35 min.
Para 4 personas

100 g de arroz redondo
1 l de leche
80 g de azúcar de caña
10 rodajas de naranjas
    confitadas
2 bastones de canela
1 vaina de vainilla

Echar la leche en una cacerola junto con el arroz, la vainilla abierta, la canela y el azúcar.

Poner a hervir supervisando para que la leche no se derrame. Bajar el fuego y dejar que cueza dando hervores pequeños. El tiempo de cocción será de 35 minutos removiendo regularmente.

El arroz ya estará cocido, pero deberá conservar una capa de leche por encima porque, mientras se va enfriando, el arroz continúa absorbiendo la leche.

Al final de la cocción, cortar las rodajas de naranja confitada a trocitos y mezclarlos con el arroz.

Podemos tomar el arroz con leche tibio o frío.

Smoothie de arroz con leche

Tiempo de preparación: 5 min.
Tiempo de cocción: 20 min.
Para 4 personas

50 g de arroz redondo
1 l de de leche
10 cl de nata líquida entera
40 g de azúcar
1 vaina de vainilla
10 cl de sirope de horchata
almendras fileteadas

Calentar la mitad de la leche con la vaina de vaini-lla, 30 g de azúcar y el arroz. Llevar a ebullición, bajar el fuego y proseguir la cocción hasta la completa absorción de la leche. Retirar la vainilla.

Poner a hervir la leche restante y mezclar con el arroz cocido. Colocarlo todo en un vaso de batidora junto con el sirope de horchata y batir. Dejar enfriar tapando la bebida con film transparente para evitar que se forme una costra por encima. Meter en la nevera.

Antes de servir, montar la nata bien fría, incorpo-rando el resto del azúcar. Repartir el *smoothie* en 4 vasos y cubrirlo con una buena cucharada de nata.

Espolvorear la nata con los filetes de almendras.

Tomar el smoothie *con albaricoques cocidos y ligeramente caramelizados.*

Dulce de arroz al horno

Tiempo de preparación: 2 min.
Tiempo de cocción: 3 h 20 min.
Para 4 o 6 personas

100 g de arroz redondo
1 litro de leche
20 cl de nata líquida
100 g de azúcar
1 vaina de vainilla
1 cdta. de canela en polvo

Precalentar el horno a 130 °C. Enjuagar el arroz y abrir la vaina de vainilla.

Echar todos los ingredientes, salvo el arroz, en una cacerola y cocer a fuego lento durante 20 minutos.

Raspar los granos de vainilla e incorporarlos a la leche, junto con la vaina vacía. Mezclar la leche con el arroz y colocarlos en vasos individuales o en una cazuela y hornear durante 3 horas.

Tomar con crema inglesa o con mermelada de naranjas amargas.

Podemos incorporar todo tipo de perfumes según el gusto de cada cual: agua de rosa, especias indias (cardamomo, nuez moscada, clavos de olor...).

Sushis de arroz con leche

Tiempo de preparación: 15 min.
Tiempo de cocción: 30 min.
Para 16 sushis

40 g de arroz redondo
1 manzana
1 melocotón
4 fresas
1 tajada de piña
30 cl de leche
20 g de mantequilla
60 g de azúcar
1/2 vaina de vainilla

Preparar el arroz con leche: calentar la leche con el arroz, 40 gr de azúcar y la media vaina de vainilla abierta por la mitad, hasta que se haya absorbido la leche.

Cuando el arroz esté frío, retirar la vainilla, formar bolas del tamaño de una nuez con las manos mojadas. Luego las bolas se aplastan.

Pelar y cortar la manzana a cuartos. En una sartén, fundir la mantequilla con el resto del azúcar y caramelizar los cuartos de manzana y la tajada de piña. Reservar.

Cortar la tajada de piña en 4 trozos. Cortar las fresas en dos y el melocotón en trozos del mismo tamaño que las bolas de arroz.

Repartir los trozos de fruta sobre las bolitas de arroz para formar los *sushis*. Servir con una salsa de chocolate o de caramelo.

Trifle

Tiempo de preparación: 20 min.
Tiempo de cocción: 30 min.
Para 4 personas

50 g de arroz redondo
2 peras
50 cl de leche
2 cdas. de mascarpone
50 g de azúcar
8 speculoos
4 cdas. de dulce de leche
1 vaina de vainilla
pepitas de chocolate

Cocer el arroz redondo en la leche con el azúcar y la vainilla hasta la absorción de la leche (unos 30 minutos). Retirar la vainilla y añadir el *mascarpone.* Mezclar y reservar en la nevera.

Poner los *speculoos* en un paño y machacarlos con un rulo pastelero, majarlos en un mortero, o bien molerlos en un molinillo.

Pelar las peras y cortarlas a dados.

Repartir el polvo de *speculoos* en 4 vasos, recubrirlos con una capa de dados de pera, colocar encima una capa de dulce de leche y acabar con una capa de arroz con leche.

Decorar con pepitas de chocolate y servir los vasos bien fríos

El famoso suflé de Marta

Tiempo de preparación: 10 min.
Tiempo de cocción: 55 min.
Para 6 personas

65 g de arroz redondo
4 huevos
75 cl de leche
10 g de mantequilla
100 g de azúcar a trozos
1 vaina de vainilla

Cocer el arroz en agua hirviendo durante 10 minutos y luego escurrirlo.

Calentar 70 cl de leche con la vaina de vainilla abierta y el azúcar. Cuando hierva, añadir el arroz y dejar cocer 20 minutos.

Precalentar el horno a 180 °C. Engrasar una fuente para suflés con mantequilla.

Batir ligeramente las 4 yemas de huevo con los 5 cl de leche fría restantes e incorporarlas al arroz con leche. Montar las claras a punto de nieve y añadirlas delicadamente al arroz. Echarlo todo en la fuente.

Hornear al baño María durante 35 minutos (y si la superficie del suflé se dora demasiado pronto, taparlo con papel de plata).

Pastel de arroz glutinoso con jengibre

La noche anterior se pone el arroz en remojo. Para obtener un sirope de jengibre pelar el trozo de jengibre, chafarlo con un rulo pastelero y ponerlo a calentar en una cacerola con el azúcar y 5 cl de agua. Ponerlo a hervir, retirarlo del fuego cuando hierva y dejar macerar toda la noche.

A la mañana siguiente, escurrir el arroz y cocerlo al vapor o en una cocedora de arroz.

Dorar los cacahuetes en una sartén en seco y luego machacarlos.

Cuando el arroz esté cocido, mezclarlo con el sirope y repartirlo en pequeños moldes individuales.

En el momento de servir, espolvorear los pastelitos con el coco rallado y los cacahuetes dorados.

Tiempo de remojo: 1 noche
Tiempo de preparación: 10 min.
Tiempo de cocción: 30 min.
Para 4 personas

200 g de arroz glutinoso blanco
100 g de azúcar de caña
20 g de coco rallado
20 g de jengibre fresco
20 g de cacahuetes sin salar

Arroz glutinoso con frutas exóticas

Tiempo de remojo: 1 noche
Tiempo de preparación: 10 min.
Tiempo de cocción: 35 min.
Para 4 personas

400 g de arroz glutinoso negro
1 mango bien maduro
1 lata de 400 g de leche de coco
1 latita de crema de coco
80 g de azúcar

Lavar el arroz, cubrirlo con abundante agua fría y dejarlo en remojo toda una noche a temperatura ambiente.

Escurrir el arroz y colocarlo en una cocedora de arroz con 75 cl de agua. Cerrar y cocer 30 minutos aproximadamente.

Disolver el azúcar en la leche de coco, echar sobre el arroz y cocer 5 minutos más.

Pelar el mango y batir la pulpa hasta obtener un puré fino.

Servir el arroz regado con la crema de coco y el puré de mango.

Si no disponemos de una cocedora de arroz, podemos usar una cesta para hacer la verdura al vapor.

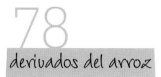

Pastel de arroz inflado con chocolate

50 g de de arroz inflado
   (Krispies®)
250 g de chocolate negro
6 Danoninos
20 cl de nata líquida entera
50 g de mantequilla
60 g de azúcar

Tiempo de preparación: 30 min.
Tiempo de cocción: 10 min.
Tiempo de refrigeración: 2 h 30 min.
Para 6 personas

Romper 100 g de chocolate negro a trozos y fundirlo al baño María, o en el microondas, con la mantequilla. Incorporar inmediatamente el arroz inflado.

Echarlo todo en un molde de silicona de 24 cm de diámetro (o en un molde circular de pastelería), repartiéndolo perfectamente. Si usamos un molde de metal, será mejor tapizarlo con film transparente o con papel sulfurado. Meter en la nevera por lo menos 30 minutos.

En una ensaladera, mezclar los Danoninos con el azúcar. Montar la nata líquida muy fría e incorporarla delicadamente a los Danoninos con azúcar.

Cubrir el pastel de arroz inflado con esta mezcla, formando la segunda capa.

Fundir el resto del chocolate al baño María y extenderlo sobre el conjunto del pastel, formando la cobertura. Refrigerar nuevamente durante 2 horas como mínimo.

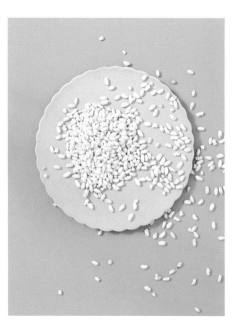

Carambolas

100 g de arroz inflado
    (Krispies ®)
15 Palotes ®
120 g de nata líquida

Tiempo de preparación: 5 min.
Tiempo de cocción: 10 min.
Tiempo de reposo: 3 horas
Para unas 20 piezas

Fundir los palotes con la nata a fuego lento hasta que se forme una pasta homogénea. Echarlo luego sobre el arroz inflado.

Mezclar y dejar que se enfríe. Hacer bolitas con esta mezcla como si fueran albóndigas, con las manos mojadas para que no se nos pegue la masa.

Para conservar esas bolas, envolverlas por separado en film transparente.

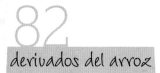
Yogur griego, leche de arroz y puré de naranja

250 g de yogur griego
15 cl de leche de arroz
2 naranjas biológicas
3 cdas. de miel
2 g de agar-agar
1 cdta. de canela en polvo

Tiempo de preparación: 10 min.
Tiempo de cocción: 30 seg.
Para 4 personas

Lavar una naranja y pelarla, conservando la piel. Mezclar el yogur, la miel y la mitad de la piel de naranja.

Llevar a ebullición la leche de arroz con el agar-agar durante 30 segundos. Mezclarla con el yogur y depositar en vasitos individuales. Dejar que se enfríe y reservar en la nevera.

Recuperar la pulpa de la naranja (sin las membranas) y batirla con la canela hasta reducirla a puré.

Recubrir cada preparación de yogur con puré de naranja.

Decorar los vasitos con la piel de naranja cortada a tiritas finas y servir acompañados con *speculoos* o Mikado®.

Podemos reemplazar la naranja y la canela por melón y anís estrellado molido.

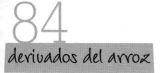

Crema de leche de arroz al *tchai*

Tiempo de preparación: 1 min.
Tiempo de cocción: 3 min.
Tiempo de reposo: 1 hora
Para 4 personas

3 bolsitas de té negro tchai
 (o té especiado)
25 cl de leche de arroz
5 cl de crema de soja o de nata
 líquida
30 g de azúcar moreno
2 g de agar-agar
almendras fileteadas
 o pistachos

Calentar 25 cl de agua con el té y el agar-agar. Cuando hierva, bajar el fuego y dejar cocer 1 minuto y 30 segundos.

Fuera del fuego, incorporar la leche de arroz, el azúcar y la crema. Retirar las bolsitas de té y colocar la preparación en tazas, dejando que se enfríen y metiéndolas luego en la nevera por lo menos 1 hora.

En el momento de servir, espolvorear con unas cuantas almendras fileteadas o con pistachos machacados.

Si no encontramos té tchai o té de especias, podemos usar simple té negro con 3 semillas de cardamomo, 3 clavos de olor, 1 bastón de canela y un trocito de jengibre.

Crema de arroz
con piña y leche de coco

Tiempo de preparación: 20 min.
Tiempo de cocción: 10 min.
Tiempo de reposo: 4 horas
Para 4 personas

50 g de crema de arroz
   (en tiendas dietéticas)
1 piña victoria
30 g de mantequilla
50 cl de leche de coco
50 g de azúcar moreno
60 g de azúcar de remolacha
1 vaina de vainilla

Disolver la crema de arroz en una cacerola, con 3 cucharadas de leche de coco; luego añadir el azúcar moreno, el resto de la leche de coco y la vaina de vainilla abierta. Poner a hervir y cuando arranque el hervor, bajar el fuego y dejar cocer 10 minutos removiendo sin parar.

Por otra parte, pelar la piña y cortarla a dados. Fundir la mantequilla en una sartén, echar los dados de piña y dorarlos unos 15 minutos.

Cuando la crema está cocida, se incorpora la piña dorada. Repartir la crema en vasitos individuales que puedan meterse en el horno, taparlos con film transparente y meterlos en la nevera por lo menos 4 horas.

Un poco antes de servirlos, precalentar la parrilla del horno, espolvorear las cremas con azúcar y meterlas en el horno unos minutos, hasta que se dore el caramelo y forme una capa crujiente.

Servir tras sacarlos del horno acompañados por pastas secas o lenguas de gato.

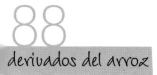

Crema de naranja amarga con pistachos

30 g de harina de arroz
3 yemas de huevo
20 cl de leche
10 cl de nata líquida
60 g de azúcar
25 g de pistachos
2 cdas. de extracto de naranja
    amarga

Tiempo de preparación: 15 min.
Tiempo de cocción: 10 min.
Para 4 personas

Batir las yemas de huevo y el azúcar hasta que la mezcla blanquee, luego se incorpora el arroz.

Calentar la leche y la nata con el extracto de naranja amarga. Verter la mezcla suavemente sobre la mezcla de huevos.

Ponerlo todo en una cacerola y cocer a fuego lento hasta que espese sin cesar de remover.

Echar la crema en recipientes individuales, dejar que se enfríen y reservar en la nevera.

En el momento de servir, picar los pistachos y espolvorearlos por encima.

Podemos reemplazar la naranja amarga por agua de rosas o extracto de almendras amargas, y la leche de vaca por leche de almendras.

Tortitas de harina de arroz

Tiempo de preparación: 5 min.
Tiempo de cocción: 3 o 4 min.
   por tortita
Para una docena de tortitas

100 g de harina de arroz
150 g de harina integral
2 huevos
30 cl de leche entera
40 g de mantequilla
   (+ mantequilla para
   la cocción)
80 g de azúcar de caña
1 cdta. bicarbonato de soda
1 cdta. levadura química

Para servir:
frutas rojas, higos, salsa de
   frutas rojas y mantequilla

Fundir 20 g de mantequilla en una cacerola o en el microondas.

Mezclar las harinas, el bicarbonato, la levadura y el azúcar en una fuente honda. Echar la leche, los huevos ligeramente batidos y la mantequilla fundida. Batir bien todo hasta obtener una pasta suave y lisa.

Calentar una sartén y colocar una bolita de mantequilla. Para comprobar la correcta temperatura de la sartén, se puede echar una gotita de agua: si se pasea por la sartén es que está a punto.

Echar entonces una cucharada de pasta en la sartén. Cocerla como una crep hasta que se dore y darle la vuelta para dorarla por el otro lado. Repetir la operación con cada tortita hasta acabar con la pasta. Las tortas hechas deben reservarse calientes y bajo una hoja de papel de plata.

Servir tibias con mantequilla, las frutas y la salsa.

Si tenemos una batidora o un robot de cocina, se disponen todos los ingredientes juntos y se baten. De este modo iremos mucho más rápido, la pasta no estará muy mareada y será más flexible. Podemos acompañar estas tortitas también con miel, sirope de arce y frutas diferentes...

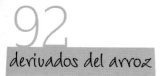

Pastas al estilo *Shortbread*

Tiempo de preparación: 15 min.
Tiempo de cocción: 20 min.
Tiempo de reposo: 20 min.
Para 40 pastas aprox.

115 g de harina de arroz
250 g de harina de trigo
120 g de mantequilla blanda
125 g + 2 cdas. de azúcar
1 pizca de sal

Disponer la mantequilla y el azúcar en una jarra y batir hasta obtener una consistencia ligera y esponjosa. Añadir las harinas y la sal, batiendo más hasta que la masa sea homogénea. Envolver la masa en un film transparente o en un paño y dejar que repose al fresco 20 minutos más o menos.

Precalentar el horno a 160 °C.

Extender la masa en el banco de trabajo enharinado, con un espesor de 5 mm. Luego cortar las galletas con un molde y colocarlas en una bandeja de horno cubierta con papel sulfurado. Espolvorear con azúcar sémola por encima y hornear 20 minutos.

Estas pastas quedan mejor si no se doran.

Si nos sobra masa, podemos enrollarla y congelarla para otro día. En dicho momento solo habrá que cortar rebanadas del rulo para conseguir las galletas.

94 Índice de recetas

Gracias...

Gracias a Florence Lécuyer por su entusiasmo y su apoyo en mi proyecto «semillas de locura», y a Laure Aline que me ha ayudado a llevarlo a buen puerto.

A la tienda de José, inagotable fuente de ideas para incluir las semillas en la cocina cotidiana.

A Frédérique y Hania, a Virginie y Lissa, por su amistosa colaboración.

A Lucas y Jean-Philippe por haber probado y requeteprobado todas mis recetas.

A Claire por su poesía en imágenes.

A Carine por organizar un equipo dinámico.

A Philippe y Huguette Serbource, mis padres, y a mi abuela Marthe, que me han regalado el gusto de comer bien y sano.

Gracias también:

Por tan leal y apreciable colaboración a las empresas y tiendas:
ASA, BODUM, THE CONRAN SHOP, SENTOU, MUJI, MONOPRIX, las pinturas de RESSOURCES y la GRAINETERIE DU MARCHÉ D'ALIGRE.

Título de la edición original: Les riz c´est trop bon!

Es propiedad, 2009
© Éditions Minerva, Ginebra (Suiza)

© de la edición en castellano, 2012
Editorial Hispano Europea, S. A.
Primer de Maig, 21 - Pol. Ind. Gran Via Sud
08908 L'Hospitalet - Barcelona, España.
E-mail: hispanoeuropea@hispanoeuropea.com
Web: www.hispanoeuropea.com

© de la traducción Pilar Guerrero

Depósito Legal: B. 1137-2012

ISBN: 978-84-255-1997-0

Impreso en España
Limpergraf, S. L.
Mogoda, 29-31 (Pol. Ind. Can Salvatella)
08210 Barberà del Vallès